MARKETING SUR FACEBOOK

UN GUIDE POUR DÉVELOPPER VOTRE MARQUE AVEC FACEBOOK

JACOB KIRBY

CONTENTS

INTRODUCTION

Qu'ont en commun les entreprises, les influenceurs des médias sociaux et les marques ?

Bien que cela ressemble à un prétexte pour une terrible blague, c'est une question qui doit être posée car, en fin de compte, ils ont tous besoin d'une chose : le marketing.

Tous ont besoin de marketing, d'une manière ou d'une autre, pour accroître leur présence et atteindre le public cible. En d'autres termes, c'est ainsi qu'ils se développent. Les entreprises ont besoin d'un plus grand nombre de clients pour se faire connaître et acheter ce qu'elles vendent ; les influenceurs cherchent à avoir plus d'adeptes, et les marques dépendent des deux pour prospérer. Il existe de nombreux moyens de marketing, et il en a toujours existé. Mais comment choisir celle qui vous mènera au succès ?

Il existe une forme de marketing qui a gagné du terrain au cours des vingt dernières années, et c'est le marketing des médias sociaux. Les plateformes de médias sociaux ont offert à de nombreuses personnes et entreprises une formidable opportunité de commercialiser leurs produits ou services plus facilement et de manière plus fructueuse. Sur les médias sociaux, les gens peuvent créer des réseaux, partager des informations, trouver des produits qu'ils souhaitent et, éventuellement, les acheter. Les marques les utilisent non seulement pour augmenter leurs ventes, mais aussi pour engager leur public, car les médias sociaux peuvent influencer les décisions des consommateurs. Bien que l'objectif principal du marketing soit la vente, les médias sociaux ont apporté aux professionnels du marketing une nouvelle vision : Fournir un contenu engageant est la meilleure stratégie pour se développer.

En outre, les médias sociaux ont intégré des outils d'analyse de données qui permettent de mieux comprendre les publics, ce qui fournit des informations pertinentes pour passer aux étapes suivantes. Les canaux de marketing traditionnels n'ont pas disparu, mais les médias sociaux ont développé un entonnoir qui concentre toutes les actions sur la même plateforme. Promotion, connexion, interaction, information et conversion... toutes ces actions se déroulent sur les médias sociaux. Par conséquent, les médias sociaux ne sont pas seulement efficaces : Ils sont également faciles à utiliser et peu coûteux. C'est la principale raison pour laquelle tous les types d'entreprises, les sociétés de toutes tailles et les entrepreneurs s'appuient sur les médias sociaux pour se développer.

Parmi tous les médias sociaux, Facebook est le plus grand réseau social au monde, avec la plus grande audience et le plus grand nombre de comptes actifs. Bien que son objectif initial n'ait pas été le commerce, aujourd'hui, pratiquement toute entreprise ou personne qui veut faire des affaires doit être présente sur Facebook.

Le marketing sur Facebook présente des avantages à la fois pour les spécialistes du marketing B2B et B2C, avec un faible investissement en temps et en argent par rapport à d'autres canaux de marketing traditionnels, ainsi qu'un retour sur investissement plus élevé. Il existe deux façons principales de commercialiser votre marque ou votre entreprise sur toutes les plateformes de médias sociaux : en payant pour faire de la publicité et en se développant de manière organique.

La publicité payante vous permet d'atteindre un certain nombre de personnes sur une certaine période de temps en fonction de vos besoins. L'avantage est que vous pouvez atteindre des milliers d'utilisateurs actifs sans avoir à leur demander de vous suivre ou de vous trouver en premier. La plateforme de médias sociaux peut "amener l'annonce" au client potentiel plutôt que vous ne deviez l'amener à l'annonce.

La croissance organique signifie que vous développez votre page sur la plateforme de médias sociaux en augmentant le nombre de vos followers et le nombre de personnes qui visitent votre page au fil du temps. L'avantage est que votre taux de conversion sera généralement plus élevé qu'avec la publicité payante.

Ces deux solutions ont l'avantage d'augmenter le trafic vers votre site web et auront à terme un effet multiplicateur sur vos canaux de vente. Facebook est la porte d'entrée de votre entreprise et vous devez apprendre à l'utiliser de manière rentable et efficace. Que vous ayez déjà une page Facebook ou que vous vous demandiez encore si vous devriez en avoir une, vous trouverez dans les chapitres suivants les raisons et les outils pour faire de la place à votre marque sur ce réseau de médias sociaux.

CHAPITRE 1 : FACEBOOK POUR PROMOUVOIR VOTRE MARQUE

Le point essentiel du marketing est de répondre aux besoins des consommateurs avec les biens ou les services que vous fournissez et qui peuvent satisfaire ces besoins. Un marketing incroyable est celui qui montre aux consommateurs qu'ils ont des besoins qu'ils ne soupçonnent même pas. Les médias sociaux sont devenus l'un des outils les plus efficaces pour répondre aux besoins des consommateurs et leur apporter des solutions, même lorsqu'ils ne les recherchent pas. C'est la principale différence entre les médias sociaux et le marketing traditionnel : Alors que ce dernier générait manifestement des ventes, les médias sociaux donnent aux utilisateurs le sentiment d'avoir le contrôle. Ils renversent le processus.

Sur les médias sociaux, les utilisateurs entrent en contact avec toutes sortes de contenus qui influencent leurs décisions et les amènent à désirer, à avoir besoin et finalement à acheter, sans même s'en rendre compte. Grâce au contenu des médias sociaux, les utilisateurs façonnent leurs opinions, leurs préférences et leurs besoins, dans le cadre de l'interaction globale qui se produit au sein des grandes communautés sans frontières auxquelles ils appartiennent. Les médias sociaux ont deux objectifs principaux en matière de marketing : Ils touchent un large public pour promouvoir un produit ou un service, et ils encouragent l'interaction. Cela contribue à créer des communautés, mais permet également aux marques de recevoir un retour d'information de la part de leur public, ce qui constitue un autre avantage remarquable par rapport aux canaux de marketing traditionnels.

Parmi tous les médias sociaux, Facebook occupe la première place du classement des plateformes les plus actives au monde avec 2,934 milliards d'utilisateurs actifs mensuels, selon un rapport de juillet 2022. Avec une population mondiale de 7 milliards de personnes, plus de 40 % d'entre elles ont un compte actif sur Facebook. Existe-t-il un autre moyen d'atteindre un tel public par le biais d'une méthode de marketing traditionnelle ?

Voici une autre statistique importante que vous voudrez probablement garder à l'esprit : 73 % de l'audience publicitaire mondiale sur les médias sociaux appartient à Facebook. Ces chiffres montrent que malgré l'émergence de nombreuses autres plateformes de réseaux sociaux, Facebook reste dominant. En fait, bon nombre des nouveaux médias sociaux font désormais partie de la société Facebook, aujourd'hui appelée Meta.

Meta n'a pas seulement bouleversé la communication et le marketing, mais il est en train de révolutionner l'ensemble du marché du contenu avec le métavers et ses innombrables applications qui, pour la plupart, restent encore à découvrir. Cependant, les fonctionnalités les plus élémentaires de Facebook suffisent à propulser votre entreprise à des niveaux que vous n'auriez jamais imaginés.

Facebook et l'image de marque

Quoi que vous fassiez ou vendiez, vous n'êtes certainement pas le seul. En même temps, personne d'autre ne peut offrir exactement le même produit ou service que vous. La clé pour que les gens le sachent et vous choisissent parmi tous vos concurrents est l'**image de marque**.

La stratégie de marque consiste à donner au nom et à l'image d'une organisation, d'un profil professionnel, d'un produit ou d'un service une signification particulière qui façonnera l'esprit des consommateurs. C'est ce qu'on appelle l'**identité de la marque**, qui aide vos clients à vous reconnaître, à se souvenir de vous et à vous préférer à d'autres parce qu'ils comprennent ce qui vous rend différent et spécial. Ensuite, la stratégie de marketing doit viser à établir le positionnement de la marque : lorsque les clients ont un besoin particulier, votre marque sera la première option qui leur viendra à l'esprit.

L'objectif principal du marketing, ainsi que de la stratégie de marque en tant que processus central, est d'attirer l'attention des clients et des autres parties prenantes et de les inciter à revenir. Cela implique une connaissance approfondie du public cible. Les décisions des consommateurs sont déterminées par de nombreux facteurs tels que les besoins, la qualité et les incitations, mais ils finissent par pencher pour l'option qui les touche au plus profond de leurs émotions. Par conséquent, ce qui donne à une entreprise un avantage sur ses concurrents, c'est sa capacité à se connecter aux émotions des consommateurs. Les clients choisiront la marque qui correspond le mieux à leur propre identité : en d'autres termes, la marque qui les rend le plus heureux et le plus à l'aise.

Bien entendu, le produit ou le service fourni par l'entreprise, l'organisation ou l'individu doit correspondre à l'identité de la marque qu'ils ont créée. Il n'y a pas d'engagement de la part du public s'il n'y a pas de corrélation entre ce qui est offert et ce qu'il reçoit en fin de compte.

Il devrait être clair maintenant que le développement de l'identité de votre marque et de votre stratégie de marketing dépendra de la façon dont vous connaissez votre public cible. Facebook, en tant que réseau social où les utilisateurs jouent un rôle central, est une excellente source d'informations sur ce que le public veut, ce qu'il ressent et ce qu'il attend. Les médias sociaux offrent des canaux pour obtenir un retour d'information de la part du public, et la possibilité de le voir et de l'entendre lorsqu'il ne s'y attend pas.

Une fois que vous avez recueilli suffisamment d'informations sur votre public ou que vous avez défini votre **buyer *persona - ce*** client idéal que vous souhaitez attirer et fidéliser - vous êtes prêt à concevoir et à appliquer une stratégie de contenu pour améliorer le positionnement de votre marque. Vous comprendrez maintenant l'importance d'une stratégie de contenu agressive pour renforcer votre présence sur les médias sociaux.

Les médias sociaux et les réseaux sociaux comme Facebook sont tous basés sur le **marketing de contenu.** Comme nous l'avons dit plus haut, les canaux de marketing traditionnels transmettaient des messages dans le but principal de réaliser une vente ou une **conversion**. Sur les médias sociaux, il en va tout autrement, car le comportement des consommateurs a changé. Les gens ne se sentent pas à l'aise lorsqu'on les convainc d'acheter quelque chose. Ils préfèrent - nous préférons - croire que nos décisions d'achat relèvent de notre libre arbitre. Par conséquent, les messages qui ont une intention manifeste de vendre n'ont pas tendance à bien fonctionner. Un contenu de qualité a la capacité d'influencer le libre arbitre des consommateurs et de les inciter à désirer le produit ou le service que vous proposez.

Cependant, une bonne stratégie de contenu sur les médias sociaux exige un contenu pertinent et significatif pour le public. Il ne s'agit pas seulement de quantité (bien que cela soit également important), mais aussi de qualité. C'est pourquoi une stratégie de marketing de contenu nécessite une planification et une mesure des performances. Vous devez vérifier ce qui est apprécié par le public et ce qui ne l'est pas, mais nous y reviendrons plus tard. Examinons maintenant de plus près votre stratégie de contenu.

Le contenu que vous utiliserez sur les médias sociaux, et en particulier sur Facebook, doit fournir des informations pertinentes à votre public - par exemple, une solution à un problème qu'il pourrait rencontrer. Tout d'abord, vous devez avoir une idée claire de votre buyer persona, puis définir le **parcours du client**. Il s'agit là d'un autre concept important à prendre en compte lors de l'élaboration de stratégies de marketing efficaces. Il existe tout un processus depuis le moment où la personne commence à s'intéresser à un produit, puis décide d'effectuer un achat et enfin conclut la vente. Ce processus s'appelle le parcours du client, et vous devez décider à quel moment de ce parcours votre marque va aider le client à satisfaire ses demandes. Le type de contenu que vous produisez dépend directement de l'arc du parcours client que vous envisagez pour la marque.

En termes généraux, la production de contenu est un processus créatif dont l'objectif principal est de susciter l'engagement du public. Le contenu peut avoir trois intentions possibles :

- inspirer

- enseigner

- divertir

Le contenu inspirant invite les utilisateurs à développer un sentiment d'appartenance. Son objectif est de les persuader, par le biais d'une motivation émotionnelle, d'atteindre certains objectifs ou d'entreprendre certaines actions. Le lien de loyauté des utilisateurs se construit grâce à cette connexion émotionnelle.

Le contenu éducatif tente d'enseigner soit le produit ou le service fourni par l'entreprise, soit les besoins que le public pourrait avoir. L'engagement se produit lorsque les clients ont le sentiment que la marque fournit des informations utiles, au-delà de ce qu'elle essaie de vendre.

Le contenu divertissant est, sans aucun doute, ce qui fonctionne le mieux sur les médias sociaux. Lorsque les utilisateurs consultent les médias sociaux, ils ne cherchent pas délibérément des choses à acheter, mais ils cherchent à se divertir !

La bonne nouvelle, c'est que Facebook est un réseau social polyvalent où tous ces contenus peuvent être produits et facilement partagés. Facebook est donc l'une des meilleures plateformes pour ancrer et développer l'image de marque de toute entreprise, petite ou grande.

Attirer les clients avec une page Facebook

Deux types d'utilisateurs sont susceptibles de faire du marketing sur Facebook : les entreprises/organisations et les personnes ayant un profil professionnel qui poursuivent des objectifs allant au-delà du simple divertissement ou de l'interaction sociale. Les profils personnels sont réservés aux interactions interpersonnelles : partager des photos, rester en contact avec ses amis, montrer ses réalisations et recevoir des félicitations et de l'amour. Mais pour les entreprises, ce n'est pas la meilleure option.

Les profils personnels comportent de nombreuses limitations qui empêcheront votre marque de se développer pleinement. Par exemple, vous ne pourrez pas avoir plus de 5 000 contacts. Ce chiffre peut sembler énorme, mais il n'est rien si on le compare à la somme de tous les utilisateurs actifs de Facebook (plus de 2 milliards par mois). Pour cette seule raison, l'utilisation d'un profil personnel pour commercialiser votre marque ou votre entreprise n'est pas la meilleure idée.

D'autre part, d'autres règles et algorithmes ne vous permettront pas de publier certains contenus, car Facebook entend préserver l'esprit d'un réseau social. Si vous enfreignez fréquemment les règles, Facebook peut même suspendre votre compte sans avertissement.

Néanmoins, Facebook dispose d'un autre type de page pour les spécialistes du marketing, appelée page fan.

Tout d'abord, voyons ce qu'est une page fan et quels sont les éléments constitutifs d'une bonne page. Il s'agit d'un profil d'entreprise qui fournit aux utilisateurs différents outils de marketing pour mettre en œuvre leurs stratégies, programmer du contenu, gérer des publicités payantes, analyser des données et coordonner des boutons d'appel à l'action, le tout dans le but d'atteindre et de servir un public plus large.

Parmi les nombreuses raisons qui pourraient être énumérées, nous pouvons citer les suivantes pour expliquer clairement pourquoi une page fan sur Facebook est indispensable à votre stratégie de marketing :

- Elle vous permet d'atteindre les publics que vous avez ciblés dans le passé, mais aussi d'étendre la notoriété de votre marque à de nouveaux groupes démographiques.

- Vous n'avez pas besoin d'ajouter des personnes et d'attendre d'être accepté pour transmettre vos messages, de sorte que votre champ d'action dépasse votre réseau initial de contacts.

- Le contenu publié peut devenir viral et augmenter le trafic vers d'autres réseaux sociaux et sites web. Votre message atteindra un public plus large, même les utilisateurs qui ne vous suivent pas.

- Il permet des interactions qui contribuent à accroître l'engagement du public et à augmenter la croissance organique.

- Les profils des concurrents sont également disponibles, avec de nombreuses informations sur leurs produits/services et leurs stratégies de marketing. Il est également possible de trouver d'autres parties prenantes avec lesquelles former des alliances afin d'étendre le réseau d'entreprises.

- Il fournit les outils nécessaires pour créer et gérer des campagnes de marketing.

- Il est très intuitif, ce qui permet de gagner du temps ; il n'est pas nécessaire d'acquérir beaucoup de compétences pour utiliser efficacement la plateforme. Il n'est pas nécessaire d'avoir des compétences particulières pour être un utilisateur actif, de sorte qu'il est accessible à toute personne ayant des connaissances informatiques de base.

- Malgré l'émergence d'autres médias sociaux, Facebook reste le plus populaire parmi les personnes de tous âges, partout dans le monde.

- Facebook offre un large éventail de possibilités pour publier du contenu dans différents formats, en fonction du message, de l'objectif et de l'étape de l'entonnoir de vente dans laquelle se trouvent vos clients potentiels.

- Il permet une interaction facile et naturelle avec le public afin d'améliorer et d'accroître la conversation entre les consommateurs et la marque.

- En tant que réseau social avec des concurrents de plus en plus nombreux, Facebook ne cesse d'évoluer pour mettre à jour les fonctionnalités disponibles, de sorte que l'entreprise est toujours à la pointe de l'innovation.

Enfin, une marque qui n'a pas de page fan paraît moins professionnelle. Facebook a acquis une telle notoriété qu'il est désormais indispensable pour toute marque d'avoir un profil d'entreprise. Lorsqu'un nouveau consommateur souhaite en savoir plus sur une entreprise, une organisation ou un professionnel, Facebook est souvent le premier endroit où il se rend pour en savoir plus. Il s'agit en quelque sorte d'une lettre de présentation pour votre entreprise. Pour de nombreuses entreprises, la création de cette page sera l'une des premières étapes pour cultiver une légitimité sociale et gagner en pertinence.

Après avoir pris conscience de l'importance de Facebook pour votre stratégie de marketing, l'étape suivante consiste à créer un profil professionnel attrayant : votre page fan. L'ensemble du profil doit être en parfaite adéquation avec l'identité de la marque. Il s'agit d'une voie à double sens : Votre profil Facebook contribue à créer et à consolider l'identité de votre marque et, parallèlement, votre page fan doit la refléter. Lorsqu'un utilisateur, qu'il soit local ou étranger, visite votre profil, il est préférable qu'il reconnaisse immédiatement votre marque.

Chaque page fan est liée à un profil personnel. Cependant, s'il n'y a pas de nom important derrière l'entreprise ou l'organisation, il peut s'agir de n'importe qui. Si vous dirigez une entreprise personnelle ou si vous avez besoin d'un profil professionnel, votre compte personnel peut être utile pour guider les adeptes d'une page à l'autre.

Il existe différents types de pages de fans et vous devez choisir celle qui correspond le mieux à vos activités ou à la niche de marché de votre entreprise. N'oubliez pas que Facebook, en tant que plateforme de création de marque, n'est pas réservé aux produits ou aux prestataires de services. Le marketing n'est pas seulement un moyen d'augmenter les ventes, mais aussi d'étendre vos activités professionnelles, quelles qu'elles soient. Facebook le sait et c'est la raison pour laquelle vous pouvez choisir parmi six options de pages fan :

- Entreprise ou lieu local

- Marque ou produit

- Entreprise, organisation ou institution

- Divertissement

- Cause ou communauté

- Artiste, groupe de musique ou personnalité publique

Le choix de la bonne option pour votre page fan dépend moins de l'image que vous avez de vous-même ou de votre entreprise que de l'image que votre buyer persona aura de vous. En outre, chaque type de page possède des caractéristiques particulières liées à sa catégorie respective. Ici, plus ne signifie pas nécessairement mieux : La catégorie que vous choisissez doit refléter ce que vous faites, même s'il existe d'autres options offrant davantage de fonctionnalités.

Voici quelques aspects importants de la création d'une page fan sur Facebook :

- Photos de profil et de couverture : C'est la première chose que les utilisateurs voient lorsqu'ils visitent votre profil professionnel. Pour les entreprises et les organisations, il est conseillé d'utiliser le logo de la marque, afin que les utilisateurs vous reconnaissent automatiquement. Vous devriez également utiliser une palette de couleurs correspondant à l'identité de votre marque. Les utilisateurs sauront alors avec certitude qu'ils ne se trouvent pas sur la page d'un usurpateur. Si vous modifiez régulièrement votre photo de couverture, vous augmenterez votre visibilité auprès de votre public, car une notification s'affichera automatiquement à l'intention des personnes qui vous suivent.

- Choisissez un nom facile à rechercher : ce n'est pas le moment d'être trop créatif. Le nom de l'entreprise, de l'organisation ou votre nom professionnel feront l'affaire. C'est ainsi que vos clients potentiels vous chercheront. Vous pouvez utiliser un maximum de 50 caractères.

- Remplissez la section "À propos" avec toutes les informations pertinentes sur votre entreprise. C'est le moment de parler de la mission, de la vision et des objectifs, mais aussi de partager des informations utiles pour guider les visiteurs vers votre vitrine, qu'elle soit numérique ou en brique et mortier.

- Ajoutez un bouton "appel à l'action". L'une des meilleures caractéristiques des médias sociaux est la possibilité d'inviter les utilisateurs à interagir avec votre compte. Vous pouvez choisir parmi des options telles que "Regarder la vidéo" ou "S'inscrire", puis personnaliser ces options.

Les pages de fans offrent un large éventail d'outils et de ressources pour créer des campagnes de marketing réussies. Une idée claire de l'identité de la marque, du profil d'acheteur que vous souhaitez attirer et un plan bien conçu sont des éléments clés de la réussite d'une campagne de marketing sur Facebook.

CHAPITRE 2 : DÉVELOPPER DES STRATÉGIES SUR FACEBOOK

Après avoir créé les profils appropriés pour votre entreprise, l'étape suivante consiste à planifier une stratégie de contenu. Une croissance substantielle et constante exige bien plus que la publication périodique de contenu. Tout le contenu doit avoir un but et être cohérent avec l'image de la marque.

Les lignes directrices pour la sélection, la production et la programmation du contenu à publier dépendent du public cible. Il est important d'avoir des objectifs clairs, tels que : créer une communauté, augmenter les ventes, sensibiliser le public ou devenir viral, entre autres. L'objectif vous aidera à déterminer le type de contenu à produire et les meilleurs outils pour le faire. Nous aborderons plus loin les différents types de contenu que vous pourriez souhaiter produire.

Facebook, comme toute autre plateforme de médias sociaux, fonctionne avec des algorithmes, c'est-à-dire des ensembles de calculs qui décident de ce qui apparaîtra sur les écrans ou les fils d'actualité des utilisateurs. Ces algorithmes analysent les données pour faire des prédictions sur ce que les utilisateurs veulent voir en fonction de leurs recherches précédentes et de leurs visites sur tous les médias sociaux. En conclusion, pour amener votre public cible à votre profil, lui donner envie de rester et l'inciter à revenir, vous devez produire un contenu qu'il apprécie, qu'il enregistre et qu'il partage.

Croissance organique

La croissance organique est liée à la portée organique. La portée organique d'un compte fait référence à tous les utilisateurs uniques qui ont visité ou vu le profil sur leur fil d'actualité ou sur votre page, à la suite de publications non rémunérées. Elle comprend le nombre de personnes qui voient un message d'un profil par le biais d'une distribution non rémunérée.

Les moteurs de recherche de Facebook fournissent des résultats basés sur des aspects tels que la fréquence des messages et la popularité déterminée par l'interaction des utilisateurs. En analysant les publications, Facebook classe le contenu en fonction de la probabilité qu'un utilisateur interagisse avec lui. Ainsi, Facebook a le pouvoir de placer votre contenu sur les fils d'actualité des utilisateurs qui sont les plus susceptibles d'interagir avec lui.

En résumé, cela signifie que la portée organique cible principalement votre public de base, vos contacts authentiques et les personnes qui vous connaissent déjà, mais plus vous publiez souvent et plus vous obtenez d'interactions de leur part, plus votre profil est susceptible d'atteindre d'autres utilisateurs de manière organique en dehors de votre réseau particulier, le tout sans distribution payante.

Trois facteurs influencent la performance d'un compte dans ce classement :

- Inventaire : Il s'agit de toutes les publications des amis, groupes et comptes suivis par l'utilisateur.

- Signaux passifs et actifs : Les premiers sont ceux qui ne dépendent pas des actions des utilisateurs, comme l'heure de consultation ou de publication ; les seconds sont ceux qui proviennent des interactions des utilisateurs.

- Prédictions : Facebook anticipe les éléments avec lesquels l'utilisateur choisira d'interagir en fonction de son comportement antérieur sur la plateforme.

En 2022, des modifications ont été apportées aux algorithmes de Facebook afin de limiter l'apparition de contenus indésirables sur les fils d'actualité des utilisateurs. Bien que la portée organique ait pour public cible les personnes qui vous suivent, l'objectif est de générer des interactions qui feront connaître votre contenu à des personnes extérieures, ce qui se traduira par un plus grand nombre de personnes qui vous suivent. De cette manière, votre contenu sera progressivement mieux classé et apparaîtra sur le fil d'actualité des utilisateurs qui ne vous suivent pas encore.

Les nouveaux algorithmes ajoutent de nouvelles restrictions à ce flux de contenu. Il est donc plus difficile d'augmenter la portée organique, mais ce n'est pas impossible. L'une des raisons susceptibles d'affecter la portée organique, outre les nouveaux indices de l'algorithme, est qu'il y a de plus en plus de contenu publié, et que la concurrence est donc plus forte. En outre, les utilisateurs de Facebook disposent de fonctions leur permettant de personnaliser leur expérience sur le réseau et d'avoir des fils d'actualité personnalisés. Par conséquent, pour transmettre votre message à ces profils personnalisés, vous devez fournir un contenu intéressant et engageant.

Même si Facebook offre la possibilité d'une distribution payante, il est important de consacrer une partie de votre stratégie marketing à la croissance organique.

Il existe des actions simples qui peuvent être mises en œuvre dans votre stratégie de contenu pour augmenter la portée organique :

- **Utilisez davantage de contenu visuel et audiovisuel.** Ce type de contenu est plus efficace que le texte sur Facebook. Il incite les utilisateurs à rester plus longtemps sur votre fil d'actualité ou votre publication et encourage des taux d'interaction plus élevés.

- **Planifiez la publication.** À certains moments de la journée, les utilisateurs sont plus actifs sur les réseaux sociaux. En sachant quand votre public est le plus susceptible d'être en ligne, vous pouvez être stratégique et demander à Facebook de publier votre message à ce moment-là, ce qui augmente les chances que les utilisateurs interagissent avec lui. Il s'agit là d'un élément essentiel de toute stratégie de portée organique.

- **Trouvez un rythme.** La publication périodique est l'un des facteurs les plus importants, mais vous ne voulez pas submerger votre public. Il est difficile de trouver un équilibre entre la quantité et la qualité ; vous devez donner la priorité à la qualité tout en créant un bon rythme de publication. Vous pouvez tester différentes quantités de posts pendant quelques semaines afin de déterminer quel nombre de posts par jour/semaine permet d'obtenir un engagement optimal. Plus n'est pas toujours mieux.

- **Suivez les tendances et utilisez les hashtags.** Les médias sociaux permettent de prendre part à des conversations mondiales. Les hashtags font allusion à ce dont les gens parlent. C'est un moyen facile de connaître les centres d'intérêt du public. Vous devriez utiliser les tendances pour participer à des conversations pertinentes et ajouter la touche personnelle qui vous fera sortir du lot.

- **Évitez le clickbait.** Les algorithmes contrôlent également la qualité du contenu publié. Les clickbaits excessifs et les posts contenant des liens qui détournent l'audience de votre page ne sont généralement pas très performants, surtout à long terme.

- **Publiez du contenu de qualité.** C'est évidemment plus facile à dire qu'à faire, mais c'est le moyen le plus efficace d'attirer l'attention de votre public.

Facebook dispose également d'une fonction qui permet à votre public de rester informé et attentif à vos publications. Il s'agit de la possibilité d'activer les notifications pour vos publications, de sorte que vos abonnés soient avertis chaque fois que vous publiez un message sur Facebook. Vous pouvez créer un message d'appel à l'action pour demander à vos followers d'activer leurs notifications pour les publications de votre profil. C'est un excellent moyen d'augmenter votre portée organique, à condition que vous publiez un contenu de qualité dont votre public sera heureux d'être informé !

Interactions significatives

Pour augmenter la portée organique, le contenu publié doit être de haute qualité et donner envie à votre public d'interagir avec lui. C'est ce que l'on appelle les interactions sociales significatives (MSI), qui ont une valeur particulière dans l'algorithme.

Les commentaires, les mentions "J'aime" et les partages sont les interactions significatives les plus fréquentes entre les utilisateurs. Cela signifie que les algorithmes ne récompenseront pas uniquement le temps passé à faire défiler le fil d'actualité d'un profil ou à regarder une vidéo. Pour être mieux classé sur Facebook, votre compte doit inciter vos followers à interagir : partager le contenu sur leur propre fil d'actualité, marquer des amis et des membres de la famille dans les commentaires ou réagir aux publications.

Pour augmenter le MSI de votre profil, vous devez créer du contenu qui réponde aux intérêts de votre public cible et qui lui donne l'impression de faire partie des conversations globales que nous avons déjà abordées. Un moyen d'augmenter le MSI est d'encourager l'interaction collaborative entre les personnes qui vous suivent. Un bon moyen d'y parvenir est de créer ou de faire partie de groupes auxquels les gens se joignent en fonction de leurs centres d'intérêt.

Il a été souligné que la qualité du contenu est cruciale. La création d'un contenu qui sort des sentiers battus est un moyen de générer des MSI. Il s'agit d'un contenu innovant et dérangeant, présenté sous différents formats, qui surprendra le public et l'incitera à le partager. Suivre les tendances vous placera dans des conversations pertinentes, mais ce type de contenu révélera ce qui vous différencie de vos concurrents et les rend inégalables. L'inspiration peut venir des campagnes d'autres marques, des posts de vos followers et des idées vintage à recycler. Essayez de penser comme votre buyer persona et d'imaginer ce qu'il attendrait - ou n'attendrait pas - pour voir quel type de contenu vous pourriez produire.

Ensuite, vous devez tirer parti du principal avantage offert par les réseaux sociaux : la possibilité de créer de grandes communautés et de faire en sorte que les gens sentent que la marque est le lien qui les unit. Planifiez une stratégie de marketing pour positionner votre marque à un endroit où vos adeptes peuvent se sentir à l'aise. Votre marque reflète une vision commune du monde. Construire une communauté implique de promouvoir les conversations entre vous et votre public, ainsi qu'entre les membres individuels du public. Il s'agit d'une caractéristique exceptionnelle et révolutionnaire des réseaux sociaux pour l'image de marque.

Grâce à des interactions pertinentes, l'activité de votre profil sur Facebook se transformera en conversions. Cela ne signifie pas exactement que le réseau social deviendra votre principal canal de vente. Facebook dispose d'outils pour canaliser le trafic commercial, mais l'objectif principal de la stratégie marketing sur Facebook est de renforcer l'image de marque, de créer un lien de fidélité avec votre public et de faire en sorte qu'il s'identifie aux valeurs de la marque. Chaque fois que votre contenu s'affiche sur leur fil d'actualité, ils devraient idéalement sentir que la marque correspond profondément à leurs propres intérêts et souhaits, même ceux qu'ils ne soupçonnaient pas.

Messenger : Restez en contact avec votre public !

Pour créer une communauté par le biais des médias sociaux, il est essentiel d'avoir une interaction fluide avec votre public. Les gens veulent vous connaître et, comme nous l'avons vu, vous devez également connaître votre public cible. Ainsi, l'utilisation efficace de tous les canaux de communication offerts par Facebook se traduira par une interaction productive avec votre public, qui se sentira plus impliqué et plus confiant dans la marque.

La possibilité d'obtenir un retour d'information direct et constant de la part du public est ce qui bouleverse la relation entre le vendeur et l'acheteur. Les canaux de marketing traditionnels disposaient de moyens de communication unilatéraux, et ils "criaient" au sens figuré sur le public pour l'inciter à acheter des produits. Les réseaux sociaux ont transformé cette communication en canaux horizontaux où la marque peut parler aux consommateurs, les écouter et apprendre à les connaître. L'objectif est de prouver que la marque peut comprendre leurs besoins et faire partie des solutions, mais il s'agit d'un message plus implicite. Le consommateur fait partie de la conversation qui l'amènera finalement à choisir la marque plutôt qu'une autre.

Facebook, comme d'autres réseaux sociaux, offre de nombreux moyens de rester en contact avec votre public. Par exemple, vous pouvez réagir chaque fois qu'un utilisateur partage votre contenu. C'est une façon d'exprimer votre gratitude à l'utilisateur et d'être vu deux fois dans ses notifications, ce qui améliore votre position dans le classement. Si vous commentez un contenu partagé, vous ouvrirez une conversation non seulement avec ce follower, mais aussi avec son public, ce qui augmentera également votre visibilité.

Il est également recommandé de répondre à tous les commentaires sur les articles qui ont marqué votre compte. Même s'il s'agit d'une critique, il est très négatif pour la marque d'ignorer les mentions directes du public. En outre, vous perdriez l'occasion de prendre part à des conversations que vous n'avez pas entamées mais auxquelles vous avez été invité. C'est un bon moyen de toucher un public plus large et d'augmenter la portée organique.

Cependant, le principal canal de communication sur Facebook qui permet une interaction directe avec les personnes qui vous suivent est Messenger. Cette application de chat est intégrée au réseau social et relie tous les utilisateurs, même s'ils ne suivent pas votre page de fan, ou pour les profils personnels s'ils ne font pas partie de votre réseau de contacts. Messenger fait tomber la barrière de la connexion impersonnelle entre une marque et son public à travers un écran, ce qui constituait auparavant un obstacle à l'établissement de la confiance et de la fidélité.

Toutefois, cela crée une nouvelle obligation pour l'utilisateur de la page fan : Vous devez toujours répondre aux messages directs. Si vous négligez de consulter votre boîte de réception Messenger, vous donnez l'image d'une marque qui n'accorde pas d'importance à ses clients, ce qui jette une ombre sur tous les autres efforts de marketing que vous déployez. Mettez-vous à la place de vos followers : Seriez-vous encore intéressé par un profil qui n'actualise pas son contenu ? Peu importe que vous ayez le meilleur calendrier de contenu... Les utilisateurs recherchent une interaction personnelle avec la marque, et l'un des endroits où ils la trouvent est Messenger. Par conséquent, si vous ne vérifiez pas vos messages ou n'y répondez pas, votre public aura l'impression que vous ne souhaitez pas retenir son attention. Ce n'est pas bon pour l'entreprise !

Avec un peu de chance, votre boîte de réception Messenger recevra beaucoup de messages ; cette situation exige de consacrer du temps et des efforts à la lecture et à la réponse à chacun d'entre eux. Heureusement, Facebook en a tenu compte et propose une fonction permettant de préparer des réponses automatiques qui sont transmises lorsqu'un utilisateur vous envoie un message direct. Vous pouvez personnaliser un message d'accueil pour souhaiter la bienvenue à un utilisateur qui vous contacte pour la première fois. Facebook propose des réponses prédéfinies, mais vous pouvez modifier le message pour qu'il corresponde au ton de votre marque.

Vous pouvez également choisir parmi différentes questions automatiques prédéfinies qui ont des réponses par défaut. Ces réponses sont automatiquement envoyées lorsque l'utilisateur pose l'une de ces questions. Les utilisateurs sont conscients qu'il s'agit de réponses prédéfinies, qu'elles ne sont pas rédigées sur le moment par un représentant de la marque, mais ils ont tout de même l'impression que vous les aidez à satisfaire leurs demandes. Un message aimable disant "Laissez votre question, quelqu'un vous contactera bientôt" est plus réconfortant qu'une boîte blanche vide.

Une autre fonctionnalité de Messenger permet de programmer certaines réponses lorsqu'un message entre dans la boîte de réception et que le compte est inactif. Ainsi, quel que soit le moment où un utilisateur souhaite contacter la marque, il y aura toujours quelqu'un pour lui répondre.

CHAPITRE 3 : DÉCIDER DU CONTENU DE VOS MESSAGES

La stratégie de contenu est au cœur de toute la stratégie de marketing. Il ne sert à rien de planifier une campagne omnicanale ou d'investir beaucoup d'argent dans la production d'un contenu sophistiqué ou dans des publicités payantes s'il n'y a pas un lien qui donne un sens à tous les messages. Chaque message est une décision, une partie d'un message plus large que votre marque doit clairement transmettre au public. Ensuite, la séquence, la fréquence et la mesure des performances des posts constituent le reste du processus.

La recommandation essentielle est de publier régulièrement, mais cela ne signifie pas qu'il faille publier tout ce qui vous passe par la tête pour garder votre rythme de publication. Vous devez créer une stratégie de contenu que vous pourrez respecter au fil du temps ; vous gagnerez ainsi une réputation de cohérence. Publier les jours pertinents ayant une signification particulière pour votre public est un autre moyen de créer une communauté et vous aide à trouver du contenu pertinent pour créer vos posts. Par exemple, si votre créneau est la technologie, vous ne publierez probablement pas d'articles sur la Journée mondiale des éléphants ou sur la fête de l'indépendance d'un pays qui n'est pas celui de votre public principal.

Il doit y avoir un concept derrière tous les contenus à publier, avec un sens aligné sur l'identité de la marque et en fonction des caractéristiques du public cible.

Lorsqu'il semble qu'il n'y ait plus d'idées de contenu innovant, vous pouvez toujours vous tourner vers votre public. Vous pouvez essayer de découvrir quel type de contenu motiverait votre public, et vous pouvez utiliser les fonctionnalités de Facebook pour continuer à apporter de la valeur à la communauté. Pour commencer, vous pouvez leur demander ce qu'ils souhaitent voir. Parfois, si la communauté ne participe pas aux conversations, vous pouvez en lancer une. Tout type de message peut contribuer à ouvrir une conversation, à discuter d'un nouveau produit ou à répondre à des questions fréquentes que les utilisateurs peuvent se poser sur votre produit ou service et qui ne figurent pas sur la page des fa ns.

Même si vous êtes en charge de la stratégie marketing et que c'est vous qui planifiez, créez et distribuez le contenu, c'est toujours le public qui donne le ton.

Alternatives à la publication sur Facebook

Au chapitre 1, nous avons vu comment la reconnaissance du buyer persona permet de mieux cerner le public cible. En outre, la détermination du parcours du client est une étape importante pour décider à quelle étape de ce parcours votre marque va aider votre client à répondre à ses besoins et à finaliser son achat. Il existe des formats spécifiques pour les différents types de contenu que vous devez produire pour répondre aux attentes de votre public cible et accompagner avec succès le client tout au long de son parcours. Un message au mauvais format aura des conséquences négatives, même s'il s'agit d'une information pertinente ou d'une résonance émotionnelle.

Facebook autorise de nombreux types de publications : commentaires, mises à jour de statut, expressions de sentiments, photos et vidéos, entre autres. Tous ces éléments peuvent contribuer, parfois en tandem, à susciter l'engagement du public s'ils sont précis et adaptés au message que vous essayez de faire passer. Cependant, il est prouvé que le contenu audiovisuel est plus engageant que toute autre forme. Notre cerveau traite les images plus rapidement que le texte, de sorte que les gens sont plus susceptibles de prêter attention et de comprendre un message transmis s'il est accompagné d'un support visuel.

Toutefois, certains messages textuels peuvent constituer des appels à l'action efficaces et inciter votre public à interagir. Par exemple, vous pouvez inclure des questions avec des options de réponse ou de réaction, utiliser des mises à jour de statut pour exprimer des sentiments ou des émotions, ou des tâches à remplir pour que les gens accomplissent quelque chose à propos de votre entreprise. En général, il n'y a pas beaucoup de texte dans ce type de message et pour les rendre plus attrayants, faciles à lire et engageants, vous pouvez toujours utiliser des émoticônes. Ils donnent au texte un ton plus amical auquel les lecteurs ne peuvent s'empêcher de réagir.

Pour publier du contenu visuel, Facebook propose de nombreuses options : photographies, carrousels, vidéos natives et flux vidéo en direct. Chacun de ces éléments peut constituer une bonne ressource, à condition qu'il corresponde à l'identité de la marque et que le message qu'il véhicule corresponde aux objectifs de l'entreprise, de l'organisation ou du professionnel.

Les articles basés sur des photos sont toujours des ressources clés. Tout le monde aime regarder et partager des photos, mais il ne peut s'agir de photos de n'importe quoi. Elles doivent refléter la marque d'une manière ou d'une autre. Même s'ils sont plus subtils, comme une campagne créative qui utilise des métaphores et des messages subliminaux, il n'est pas judicieux de publier des choses que votre public ne comprendra pas. Les campagnes publicitaires traditionnelles utilisent ce type de contenu pour renforcer l'identité de leur marque. Elles diffusent implicitement les valeurs de la marque, et le public reconnaîtra ce point commun. C'est un moyen d'établir un lien avec le public et de rendre la marque facilement reconnaissable. Ce type de contenu répond bien à l'objectif de renforcement de la marque, mais son message est moins direct.

La création de galeries de photos intéressantes et colorées et l'ajout de photos à votre chronologie rendent votre profil plus attrayant pour les personnes qui vous suivent, en particulier les nouveaux visiteurs. Après avoir lu la section "À propos" pour en savoir plus sur le profil et le produit ou service, les photos sont la prochaine source d'informations pertinentes lorsqu'un utilisateur accède à un profil qui l'intéresse. Un nouveau visiteur est moins susceptible de parcourir le fil d'actualité du profil qu'il visite pour la première fois, mais une galerie de photos attrayante attirera son attention et l'amènera à en savoir plus. S'il n'y a pas de contenu, le profil peut sembler abandonné. Ce visiteur ne deviendra pas un adepte et il y a peu de chances qu'il revienne.

Les profils personnels peuvent afficher n'importe quelle photo à n'importe quel moment, mais les profils professionnels doivent avoir une raison et un message.

Outre les photographies, d'autres éléments graphiques peuvent constituer un format polyvalent pour publier toutes sortes de contenus : les dépliants et les infographies, par exemple. Il existe plusieurs types de logiciels d'édition et d'applications avec des milliers de modèles prédéfinis qui facilitent la création de contenus attrayants pour fournir des informations, par exemple sur le produit ou le service, pour enseigner quelque chose ou pour créer un contenu divertissant. Il est recommandé d'utiliser les couleurs de la marque dans tous les messages afin que les lecteurs associent toujours le contenu à votre marque. Cela contribue à créer une continuité et permet à la marque de rester profondément ancrée dans l'esprit des utilisateurs.

Les photos et les éléments graphiques peuvent également être présentés en séquence. C'est ce qu'on appelle des carrousels, qui incitent l'utilisateur à rester plus longtemps sur le profil. C'est un format utile pour présenter des informations, des guides pratiques, des recommandations et des descriptions de produits ou de services, parmi d'autres types d'informations recherchées par vos utilisateurs. Ce type d'articles a tendance à susciter des interactions plus significatives. Les internautes peuvent poser des questions dans les commentaires, étiqueter des amis ou des membres de leur famille pour leur transmettre des informations utiles qu'ils ont trouvées, et sauvegarder le message pour le regarder plus tard. Tout cela contribue à augmenter la portée organique, et il vaut donc la peine de consacrer du temps et de la créativité à ce type de contenu.

Il existe un nouveau type de contenu qui a pris de l'ampleur ces dernières années et qui a créé de nombreuses tendances en ligne : les "mèmes". Selon le dictionnaire Merriam-Webster, un mème est "un élément amusant ou intéressant (tel qu'une image ou une vidéo légendée) ou un genre d'éléments qui est largement diffusé en ligne, en particulier par le biais des médias sociaux". Les tendances sont, en général, de bonnes ressources marketing car tout le monde en parle ; les marques qui utilisent des mèmes en vogue sur leurs profils ont de grandes chances de voir leur contenu reproduit sur d'autres profils et même en dehors du réseau social d'origine. Cependant, il est nécessaire d'avoir une bonne stratégie de secours et de ne pas compter uniquement sur les tendances pour votre stratégie de marketing.

Le format vedette est en effet la vidéo. Facebook a ajouté une fonctionnalité pour afficher les vidéos : Facebook Watch. Cette fonction permet d'afficher des vidéos natives ou des transmissions en direct, ce qui constitue une excellente option pour atteindre le public plus directement. Une recommandation clé est que les vidéos ne doivent pas durer plus de deux minutes, et que les neuf premières secondes doivent être irrésistibles pour l'utilisateur afin qu'il reste et regarde jusqu'à la fin. Si les photos sont toujours privilégiées pour capturer les moments importants, les vidéos sont choisies pour établir un lien plus instantané avec le public, en particulier la diffusion en direct qui permet d'avoir des rencontres virtuelles en temps réel. Cela crée un nouveau sentiment de proximité à travers l'écran. C'est la ressource la plus appréciée des créateurs de contenu et des influenceurs, mais toute personne gérant une entreprise peut tirer profit du contenu vidéo, en particulier lorsqu'il est habilement édité et soutenu par une bonne stratégie de contenu.

Les vidéos sont le contenu le plus engageant et "regarder la vidéo" est l'un des boutons d'appel à l'action les plus attrayants à ajouter à la page d'un fan sur Facebook. Cependant, les vidéos en direct sont plus performantes sur Facebook, avec des résultats plus efficaces sur l'algorithme.

Les histoires sont une autre ressource utile que Facebook a empruntée à d'autres réseaux sociaux. Elles sont attrayantes en raison de leur contenu court, concis et divertissant qui n'est disponible que pendant 24 heures. En raison de leur caractère éphémère, les utilisateurs ont tendance à les consulter constamment pour ne rien manquer. (Ce phénomène, appelé "FOMO" (acronyme de *fear of missing out"), a fait* l'objet d'études et d'écrits approfondis et constitue un puissant facteur de motivation). Le contenu affiché sur les histoires peut être des photos ou des vidéos qui offrent une expérience immersive en occupant entièrement l'écran des téléphones portables. Ils sont moins attrayants sur d'autres appareils, mais c'est sur les téléphones portables que la majorité des gens utilisent les applications de médias sociaux.

Les histoires sont idéales pour créer une continuité pour votre public : Si vous publiez constamment du contenu sur les stories, le public verra votre marque plus souvent. Elles constituent également un bon moyen d'interagir avec les personnes qui vous suivent, car elles proposent des émoticônes d'appel à l'action pour réagir à l'histoire et la possibilité d'envoyer un message instantané directement à partir de la publication.

Le contenu le plus fréquent des histoires est constitué d'annonces importantes, de célébrations et de promotions commerciales. En général, le contenu des histoires est spontané et a pour but d'amuser ou de générer une interaction, plutôt que de fournir des informations pertinentes.

Une bonne stratégie de contenu utilise tous ces formats et types de contenu dans un calendrier bien réparti afin d'informer, d'éduquer et de divertir alternativement grâce à des posts cohérents. Plus votre contenu est varié, plus vos followers voudront le sauvegarder, voir les nouvelles publications et les partager avec leurs propres réseaux sociaux. Tous les posts doivent être cohérents avec l'identité de la marque et répondre aux intérêts du public cible.

Comme tout autre réseau social, Facebook ajoute et améliore constamment des fonctionnalités. Il est important de tenir votre stratégie à jour ; elle évoluera en fonction de ce qui se passe sur les médias sociaux et des changements d'attitude ou de tendance. Un contenu intéressant et de qualité est toujours innovant.

Récit de l'histoire

Le storytelling est une technique de plus en plus utilisée dans le domaine de l'image de marque. Les entreprises et les organisations utilisent le storytelling pour entrer dans la vie de leur public avec des histoires qui peuvent refléter la leur ou les inspirer. Comme on l'a dit, les gens ne veulent pas être persuadés de faire un achat ; l'idée d'avoir quelqu'un qui essaie de vous vendre quelque chose est plus ennuyeuse que désirable. Le marketing doit désormais donner le sentiment que les gens décident librement de s'impliquer dans une marque et que l'acquisition d'un produit ou d'un service est quelque chose de plus personnel qu'un échange de biens et d'argent. Le storytelling offre aux marques un moyen innovant de se connecter et de créer un lien plus intime avec le public.

L'objectif principal est de créer des liens émotionnels avec le public par le biais d'histoires. Les gens trouveront que ces histoires peuvent être similaires aux leurs, mais ils aiment aussi savoir qu'il y a une histoire derrière la marque qui les fait s'identifier à elle.

Une histoire bien racontée peut influencer les décisions des gens plus que toute autre stratégie publicitaire parce qu'elle s'adresse à leurs émotions plus qu'à leurs nuances intellectuelles. Le contexte de ces décisions dépasse la raison, de sorte que le lien avec la marque est plus fort et plus authentique. Les bonnes histoires invitent les consommateurs à agir et à interagir avec le contenu, ce qui les amène finalement à faire partie de la communauté de la marque.

Raconter des histoires est une méthode humaine ancestrale qui permet de tisser des liens et de renforcer la confiance. Cependant, il ne s'agit pas de n'importe quelle histoire. Il doit s'agir de quelque chose de pertinent, de personnel et d'authentique. Le public doit croire que derrière toutes les ressources littéraires qui peuvent être utilisées, il y a quelque chose de réel qui vaut la peine d'être découvert.

Pour décider de l'histoire à raconter et de la manière dont elle sera présentée, vous devez définir clairement le public cible : L'âge et le milieu culturel du public visé sont les plus importants. Il faut également décider à l'avance quelle émotion l'histoire touchera : la joie, la peur, l'espoir, l'inspiration, le courage, etc. Comme tout contenu, les histoires doivent être cohérentes avec l'identité de la marque.

L'histoire parfaite présente un voyage dans lequel il y a toujours une transformation, une amélioration et un apprentissage. Comme pour toute histoire, les gens doivent trouver des choses à en retirer. Cela signifie que l'histoire doit être captivante mais simple, avec des personnages familiers dont les gens se souviendront facilement.

Le comportement des consommateurs a évolué au fil du temps et, aujourd'hui, l'histoire qui se cache derrière la marque est encore plus importante que les caractéristiques du produit ou les avantages du service. De la même manière, les marques ne rivalisent pas uniquement en termes de qualité et de prix, mais aussi en fonction du degré d'identification qu'elles suscitent chez les consommateurs.

Il existe plusieurs moyens de raconter une histoire sur Facebook. L'utilisation de vidéos est probablement la plus courante et la plus efficace, mais ce n'est pas la seule. Il n'est pas nécessaire de raconter toute l'histoire en un seul post, vous pouvez donc mélanger les formats pour fournir aux consommateurs de nombreux éléments pour recréer l'histoire. Vous pouvez utiliser des photos, des vidéos, des flux en direct, des lignes de temps ; la seule limite est votre créativité.

CHAPITRE 4 :
L'ENGAGEMENT EST
IMPORTANT

L'engagement est un concept fondamental pour mesurer la performance des stratégies marketing sur les médias sociaux. Il fait référence au niveau de confiance ou d'engagement des consommateurs à l'égard de la marque. Il peut être mesuré grâce aux interactions que le contenu publié peut générer au sein de l'audience. Plus le nombre de personnes qui aiment, partagent ou commentent un message est élevé, plus l'"*engagement*" de ce message est important.

Dans certains cas, l'engagement est spontané, mais si vous dirigez une entreprise, vous devez faire bouger les choses. Par conséquent, si votre page fan a besoin de plus d'engagement, vous devez développer une stratégie de contenu pour la faire croître. Si le public n'entame pas de conversation, vous pouvez le motiver par le biais de messages et de campagnes.

Facebook dispose d'un grand nombre de ressources à exploiter pour augmenter l'engagement de vos publications. Un taux d'engagement plus élevé permet non seulement à votre page d'atteindre plus de personnes, car l'algorithme récompense l'interaction, mais il vous aide également à améliorer la communauté parmi vos followers. En créant des posts qui encouragent l'engagement, vous aurez des followers qui interagiront avec vous, ainsi que les uns avec les autres dans les commentaires !

Comment créer une communauté

Les utilisateurs des médias sociaux ne se servent pas de ces plateformes uniquement pour se divertir ou comme canaux d'information unidirectionnels. Ils sont là pour se connecter et interagir, tant avec les marques et les entreprises qu'entre eux. Les marques doivent donc créer des espaces permettant au public de devenir protagoniste et de participer activement.

Ainsi, outre la création d'un contenu de qualité, vous devez vous efforcer de créer des communautés où les gens peuvent interagir entre eux. Facebook met à votre disposition différentes fonctionnalités pour créer une communauté : les groupes, les événements et les catalogues, ce dernier étant davantage axé sur les ventes.

Groupes

Les groupes Facebook sont des communautés que tout utilisateur peut créer afin de rassembler des personnes sur la base d'intérêts communs. Selon les données, les groupes Facebook comptent environ 400 millions de personnes dans le monde. Le fait de publier et de participer à des conversations au sein de groupes peut augmenter votre portée organique. Si vous mettez en œuvre une stratégie qui incite vos followers à partager votre contenu avec leurs groupes d'intérêt, cela se traduira par une plus grande visibilité de votre page fan. En outre, vous disposez d'un excellent outil pour améliorer la segmentation de vos campagnes : Chaque groupe vous dira ce qui l'intéresse.

La publication de contenu sur des groupes Facebook permet à votre page fan d'atteindre des personnes susceptibles d'être intéressées par votre activité, et les groupes créent également un sentiment de fiabilité. Les gens sont plus susceptibles de prendre une décision sur la base de l'opinion du groupe. En d'autres termes, certaines publications du groupe auront plus d'impact que d'autres.

Les groupes sont un bon moyen d'augmenter la portée organique, mais ils peuvent aussi, comme vous le verrez plus loin, vous aider à trouver des segments à cibler davantage avec des publicités payantes.

Cependant, la création et la participation à un groupe nécessitent des efforts et un engagement pour en faire un outil utile. Le jeu en vaut la chandelle, car l'engagement obtenu par la création d'une communauté a des effets à long terme.

Les groupes Facebook exigent une organisation et une participation active. Il existe trois types de groupes sur Facebook : Public, Privé et Secret. Le type de groupe le plus approprié pour la plupart des pages professionnelles de Facebook est le groupe public, qui peut être trouvé par n'importe quel utilisateur du réseau social sans exigences particulières. Les groupes privés vous permettent de mieux contrôler la communauté, mais ils restreignent également votre portée. De nombreuses entreprises font payer l'accès à leur groupe privé, et si vous dirigez une entreprise de coaching, cette option peut être viable pour vous. Gardez à l'esprit qu'un groupe privé ne vous aidera pas à atteindre de nouveaux clients.

Lors de la création d'un groupe, il est important de fournir toutes les informations pertinentes. Dans la description, vous devez mettre l'accent non seulement sur votre marque, mais aussi sur les objectifs du groupe : ce que les utilisateurs y trouveront, ce qu'ils en retireront et ce qu'ils peuvent apporter. Il existe également des règles de cohabitation qui doivent être explicitement communiquées pour que les utilisateurs les connaissent et les acceptent avant même de rejoindre le groupe.

Ensuite, vous devez choisir cinq balises qui identifieront le groupe et aideront les utilisateurs à le trouver. Toutes ces balises doivent être directement liées à votre activité et vous devez éviter les métaphores ou les termes vagues ; par exemple, si vous vendez des livres, n'utilisez pas une balise qui dit simplement "croissance".

Essayez également d'utiliser les cinq balises disponibles ; plus il y a de balises, mieux c'est (car elles sont liées aux moteurs de recherche).

Il est également important de définir l'emplacement. Peu importe que vous n'ayez pas de magasin physique ou que vous fournissiez des services matériels ; les gens aiment savoir qu'il y a quelque chose de tangible - quelque chose de réel - derrière l'entreprise. Ne laissez donc pas cet espace vide. Choisissez la ville où vous vous trouvez ou l'endroit où se trouvent les bureaux centraux.

Tout comme la personnalisation du profil de votre page fan, les photos de profil et de couverture du groupe sont également importantes. Choisissez des photos liées à la marque, avec des couleurs qui correspondent à votre image.

Les groupes sur Facebook peuvent avoir plusieurs administrateurs et modérateurs. L'administrateur, ou admin en abrégé, est le seul à pouvoir attribuer différents rôles au sein du groupe. Les modérateurs ont l'énorme responsabilité de maintenir le flux des conversations, de recevoir et d'accueillir les nouveaux membres, d'intervenir en cas de conflit et de gérer les nouveaux membres. L'objectif principal des groupes étant de créer une communauté, ils encouragent également l'interaction collaborative.

Pour maintenir l'intérêt des membres et encourager la participation, il est très important de maintenir un ton aligné sur la marque, d'être attentif aux commentaires et aux questions, de toujours fournir des réponses et de mettre en avant les contributions marquantes des membres. L'objectif est que vos utilisateurs développent un véritable sentiment d'appartenance au groupe.

Conversations

Les réseaux sociaux ont été inventés pour promouvoir les conversations. C'est l'avantage le plus remarquable par rapport aux canaux de marketing traditionnels.

Vous devriez donc utiliser votre page fan Facebook pour créer une communauté active qui s'engage régulièrement dans des conversations. Facebook reste l'un des plus populaires parce qu'il offre davantage d'options pour interagir et prendre part aux conversations. C'est le réseau social où les gens commentent le plus et participent à toutes sortes de conversations, non seulement sur les profils personnels, mais surtout sur les profils professionnels. Ils sont très susceptibles d'exprimer des opinions, de poser des questions et de répondre à celles des autres utilisateurs, ce qui peut être utile pour votre portée organique si vous apprenez à l'optimiser.

Cela peut parfois prêter à controverse, mais il existe des moyens élégants d'éviter les questions difficiles et de mener la conversation sur un terrain plus fructueux où vous pouvez parler de votre marque et de tous les avantages qu'il y a à être membre de votre communauté. Les marques qui osent prendre part à toutes sortes de conversations, même les plus difficiles, sont perçues comme plus réelles et plus fiables. Cela contribue donc à accroître la visibilité et l'engagement.

Evénements

Les environnements virtuels offrent la possibilité de se réunir sans partager le même espace physique. Pour les entreprises, c'est devenu un grand avantage. Vous pouvez créer un événement pour parler à votre public, l'informer sur un produit ou un service, ou encourager l'interaction, le tout en ligne.

Parmi les événements en ligne, on peut citer les conférences en ligne (diffusion en direct ou vidéos), les webinaires, les rencontres, les ateliers, les présentations, les célébrations, pour n'en citer que quelques-uns.

Les événements sont un outil incroyable pour augmenter la portée organique, car vous pouvez inviter des personnes à vos événements en dehors de votre communauté de followers, et les gens peuvent les partager sur leurs propres profils, ce qui augmente encore la portée.

Cette fonction vous permet de définir un lieu et une date (à l'heure près) pour des réunions en personne ou en ligne. Il n'est pas nécessaire qu'il s'agisse de grandes occasions. Vous pouvez créer un événement pour coordonner un concours en direct avec des prix à la clé, lancer un nouveau produit ou avoir une interaction en direct avec votre public. L'objectif principal est d'attirer l'attention de votre public et de lui donner la possibilité de participer.

Les événements peuvent également être privés ou publics. Chacune de ces options présente des avantages dont vous pouvez bénéficier. Alors que les événements publics permettent à n'importe quel utilisateur d'y accéder et d'atteindre un plus grand nombre de personnes, les événements privés renforcent l'engagement car ils profitent aux membres de la communauté de votre marque, donnant ainsi aux utilisateurs une bonne raison d'en faire partie.

Catalogues Facebook

Facebook dispose également d'endroits spécifiques pour canaliser les achats. Les catalogues Facebook sont des fonctionnalités qui vous aident à promouvoir vos produits et services et à fournir des informations pertinentes aux consommateurs. Il s'agit d'un catalogue traditionnel. Tous les produits y sont classés par catégories et accompagnés de descriptions complètes qui aideront les utilisateurs à trouver ce qu'ils veulent et à apprendre tout ce qu'ils ont besoin de savoir pour prendre une décision et, enfin, l'acheter. Les catalogues sont plus efficaces lorsqu'ils sont accompagnés de photographies précises montrant le produit avec le plus de détails possible. Les catalogues avec photos sont toujours plus attrayants que ceux qui ne contiennent que du texte.

Il est important d'inclure toutes les informations dont un client pourrait avoir besoin sur le produit ou le service. Les prix font partie de ces informations. Même si vous pensez que vos concurrents auront accès à des informations sensibles sur votre entreprise, les clients sont plus enclins à acheter s'ils disposent de toutes les informations nécessaires pour prendre une décision d'achat.

Ces catalogues, puisqu'ils sont en ligne, peuvent être personnalisés pour les rendre interactifs et dynamiques. Ils présentent de nombreuses caractéristiques et avantages, tels que les suivants :

- Vous pouvez relier le catalogue à d'autres réseaux sociaux et à d'autres entonnoirs de vente.

- Les produits et services peuvent être organisés en catégories, ce qui permet aux utilisateurs de les trouver plus facilement, tout en leur montrant des produits similaires ou apparentés lorsqu'ils naviguent dans le catalogue. Les produits du catalogue peuvent être utilisés dans les articles et les histoires, et les étiquettes peuvent conduire les utilisateurs à la catégorie qu'ils recherchent.

- Les catalogues sont également efficaces pour présenter les produits disponibles sur la boutique en ligne. Ils peuvent également avoir un impact important sur l'expérience des utilisateurs. Les utilisateurs ont besoin de savoir s'ils pourront acheter ce qu'ils voient. C'est aussi une bonne raison de toujours tenir votre catalogue à jour.

- Le catalogue Facebook permet de créer des collections. Les utilisateurs ont ainsi accès à tous les produits similaires ou associés, présentés de manière créative et visuellement attrayante.

En fonction du marché sur lequel vous exercez votre activité, vous avez le choix entre quatre types de catalogues :

- Pour le commerce électronique.

- Voyages : vols, hébergement, transferts, circuits touristiques, etc.

- Biens immobiliers : à louer ou à vendre.

- Véhicules : voitures, camions, camionnettes, etc.

Vous devez choisir le catalogue qui correspond le mieux à votre entreprise ou à votre activité afin d'avoir accès au modèle le plus approprié pour présenter votre produit ou vos services.

Les catalogues doivent contenir des informations pertinentes, fiables, complètes et actualisées. Si un utilisateur entre dans un catalogue et que l'un de ces aspects est manquant, cela peut avoir un impact négatif sur l'expérience de l'utilisateur. L'expérience de l'utilisateur détermine s'il fera suffisamment confiance à la page pour effectuer un achat, suivre la page et la recommander à d'autres.

Comme pour toutes les fonctionnalités de Facebook, il existe certaines règles spécifiques concernant ce qui peut être inclus ou non dans un catalogue et la manière d'afficher les descriptions. Il est important de respecter toutes ces règles pour éviter des problèmes ou même une suspension de votre compte.

CHAPITRE 5 : LES PUBLICITÉS FACEBOOK : COMMENT CRÉER DES CAMPAGNES RÉUSSIES

Outre la croissance organique et son efficacité, Facebook dispose d'outils spécifiques pour les entreprises afin de vous aider à améliorer vos performances sur les médias sociaux et à augmenter vos ventes. Facebook reste le meilleur canal et le plus efficace pour les spécialistes du marketing qui souhaitent mener des campagnes payantes.

Comme Facebook s'est soucié de la satisfaction des utilisateurs, en leur donnant toutes les possibilités de personnaliser leur expérience et de n'avoir sur leur fil d'actualité que le contenu qu'ils choisissent de voir, le réseau a également amélioré les options permettant de mener à bien des campagnes payantes.

Contenu payant

La portée organique n'est pas le seul moyen d'élargir votre public et d'augmenter les conversions. Les campagnes de contenu payant peuvent augmenter les interactions, le trafic vers le site web, les conversions et le nombre d'adeptes pour faire grandir votre communauté.

D'une manière générale, les marques cherchent à établir des liens de fidélité avec leur public, et la plupart des efforts visent à renforcer ce lien, de sorte que les consommateurs choisissent la marque parce qu'ils s'identifient à ses valeurs. Cependant, ce dont toute entreprise a besoin en fin de compte, c'est de se développer. Une entreprise doit vendre des produits ou des services et, pour ce faire, elle doit non seulement avoir des clients fidèles, mais aussi en acquérir continuellement de nouveaux. Cela implique de sortir de sa communauté d'adeptes, qui ont déjà construit ce lien avec la marque, et d'atteindre tous ceux qui ne savent rien d'elle, ou qui n'en savent pas assez pour la préférer à ses concurrents.

La portée organique peut apporter de nouveaux visiteurs à votre page fan, mais les publicités payantes peuvent avoir des effets bien plus importants sur des périodes de temps plus courtes.

Publicité sur Facebook

Les publicités Facebook sont l'un des meilleurs outils pour faire croître votre entreprise. Il vous permet de créer des posts sponsorisés dans un large éventail de types : texte, vidéos, carrousels, photos, ou un mélange de ceux-ci, qui poursuivent l'objectif d'atteindre un public au-delà de votre communauté d'adeptes. Le principal avantage des publicités Facebook est qu'elles permettent de cibler de larges audiences et d'identifier de grandes possibilités de segmentation. Cela signifie que vous pouvez personnaliser votre publicité en fonction des caractéristiques spécifiques de votre public, telles que l'âge, la localisation et les centres d'intérêt, entre autres facteurs.

La publicité sur Facebook n'a pas pour seul objectif d'augmenter les ventes. Tous les types d'entreprises et d'activités ont de bonnes raisons de faire de la publicité sur Facebook. C'est un outil formidable pour le commerce électronique et le développement des entreprises locales, car vous pouvez promouvoir vos produits ou services en utilisant une plateforme de grande envergure, avec la possibilité de cibler un public spécifique qui vous conduira soit à votre boutique en ligne, soit à une interaction physique.

Cependant, la publicité sur Facebook est utile pour les organisations ou les institutions qui fournissent d'autres types de services, comme l'éducation, l'information ou les activités communautaires. La promotion de leurs services et activités par le biais des publicités Facebook permet d'améliorer leur réputation sociale et d'impliquer davantage de personnes dans leurs projets.

Pour créer des campagnes publicitaires réussies sur Facebook, il est très important de comprendre l'algorithme. Les algorithmes indiquent toujours le type de contenu que le public souhaite voir apparaître sur son écran : Si vous lancez une campagne payante avec un contenu indésirable, la publicité atteindra le public, mais n'aura pas d'effets positifs. Si le contenu n'est pas pertinent pour les utilisateurs, la publicité payante ne favorisera pas l'interaction et n'incitera pas les utilisateurs à suivre votre page fan.

Ainsi, après avoir déterminé le contenu qui, selon vous, conviendra le mieux à votre public cible, vous devez décider de l'objectif spécifique de la campagne. Vous avez le choix entre trois types d'objectifs :

- Reconnaissance. Cet objectif vise à accroître l'intérêt des utilisateurs de Facebook pour le produit ou le service que vous proposez.

- Considération. Il s'agit de l'intention d'accroître l'intérêt des utilisateurs qui voient votre publicité payante pour votre entreprise.

- Conversions. Cet objectif se réfère à l'augmentation de vos ventes par le biais de la publicité payante.

L'objectif le plus efficace poursuivi par les publicités Facebook est la considération. Il s'agit d'obtenir plus d'interactions entre le public et le contenu, et plus de trafic de la page fan vers le site web ou la boutique en ligne. Les campagnes de trafic sont plus susceptibles de se transformer en conversions, mais les interactions sont les meilleures pour améliorer l'image de marque.

En fonction des objectifs que vous déterminez, vous pouvez choisir parmi les différents types de formats suivants : messages, annonces textuelles, vidéos, événements, reciblage et annonces sous forme d'images. Le format le plus approprié dépend du type de contenu que vous publiez. Si votre objectif principal est d'augmenter les conversions, vous devez tout savoir sur les processus de décision suivis par les utilisateurs avant d'acheter, comme la manière dont ils recherchent des informations, les concurrents qu'ils consultent également avant de faire leur choix et le nombre de fois qu'ils vérifient les produits ou les services avant d'achever le processus.

Les publicités Facebook présentent de nombreux avantages. Le plus important est que vous pouvez décider du budget de votre publicité en fonction du montant que vous souhaitez dépenser, du nombre de jours pendant lesquels vous souhaitez que votre message soit promu et de la taille de l'audience que vous souhaitez atteindre. Le système est très flexible et vous permet d'optimiser les performances de votre publicité. Vous pouvez également personnaliser la stratégie et décider si vous voulez gagner des impressions et des clics, étendre votre portée ou diriger davantage de visiteurs vers votre site web.

Une autre caractéristique intéressante qui fait des publicités Facebook une excellente option pour développer votre activité est la possibilité d'ajouter des boutons d'appel à l'action très efficaces. Si vous avez créé un contenu attrayant, il sera facile pour l'utilisateur de prendre des mesures telles que réserver, contacter, obtenir un accès, télécharger, et bien plus encore. Même si l'utilisateur ne choisit pas de suivre votre page, le résultat est toujours positif puisque vous obtenez des interactions significatives.

Examinons maintenant les éléments les plus importants qu'une publicité Facebook doit comporter pour être réussie. Comme nous l'avons dit plus haut, le contenu visuel est toujours plus performant, mais il est fortement recommandé d'accompagner les images et les sons d'une rédaction stratégique afin d'améliorer le message transmis. Voici quelques conseils pour créer un bon message publicitaire :

Créez des titres attrayants : La première ligne d'un article est ce que l'utilisateur voit après que son attention a été captée par la photo ou la vidéo. Comme les trois premières secondes d'une vidéo, la première ligne du texte doit donner envie à l'utilisateur de continuer jusqu'à la fin. L'utilisation d'émoticônes peut servir de support visuel au texte.

Rédigez un texte intéressant : Même si la vidéo est claire ou la photo explicite, le texte aidera le public à mieux comprendre le message que vous souhaitez communiquer. Vous pouvez ajouter des questions et des sondages et utiliser des émoticônes et des hashtags. Tous les éléments que vous incluez doivent être cohérents avec le concept général de l'article. Rendre un texte plus visuel ne doit pas vous conduire à utiliser des ressources qui dénaturent le message. L'humour n'est pas toujours la meilleure option ; l'informalité ne correspond pas à l'identité de toutes les marques. Optez pour ce qui correspond à l'identité de votre marque.

Inclure des éléments graphiques : Vous avez le choix entre des photos, des dépliants, des infographies, des articles individuels ou un carrousel. Le type de format dépend du contenu. Essayez de réfléchir à la manière dont l'utilisateur recevra le mieux le message. Si vous avez choisi de raconter une histoire, une séquence d'images serait un bon choix ; si vous faites la promotion des soldes du vendredi noir, une seule diapositive efficace fonctionnera mieux. Dans tous les cas, la qualité de la conception, l'inclusion de photographies ou de vidéos haute définition et l'utilisation des couleurs de la marque sont toujours recommandées. L'utilisateur voit peut-être votre marque pour la première fois, et vous voulez qu'il s'en souvienne.

Ajoutez des boutons d'appel à l'action : Vous pouvez ajouter un appel à l'action dans le texte, mais les publicités Facebook vous permettent également d'ajouter des boutons au message. Par exemple, vous pouvez inviter l'utilisateur à visiter votre profil, à "aimer" votre page fan et à vous envoyer un message. C'est le meilleur moyen d'obtenir des interactions plus significatives et d'obtenir de meilleurs résultats dans le classement de Facebook.

Le **pixel Facebook** est un autre outil permettant de tirer le meilleur parti des publicités Facebook. Il s'agit d'un code qui vous aide à optimiser les performances des posts payants en mesurant et en obtenant des informations à partir des profils de vos visiteurs. Vous pouvez ainsi savoir quel type de contenu ils préfèrent et l'utiliser pour concevoir votre campagne. Pixel vous permet de créer un parcours client pour savoir ce qui pousse les visiteurs à acheter, à partager et à aimer, et s'ils attirent l'audience attendue, vous pouvez recibler la campagne pour les attirer.

Quelques recommandations

Malgré la tentation, lors de la création de publicités payantes, de toucher autant de personnes que votre budget vous le permet, il est toujours conseillé de cibler plutôt un segment de votre public. Si vous vous adressez aux mauvaises personnes, vous subirez deux conséquences négatives : vos performances dans le classement Facebook s'en trouveront dégradées et vous perdrez du temps et de l'argent.

La personnalisation de l'audience en fonction de la situation géographique, de l'âge, du sexe, de la profession et des centres d'intérêt garantira que votre argent produira les résultats escomptés. L'objectif principal ne doit pas seulement être d'obtenir plus de clics ou d'augmenter le nombre de followers, mais aussi d'accroître l'interaction. Il s'agit d'un objectif à long terme, qui se traduira à terme par une croissance plus organique.

Enfin, la croissance organique est utile et offre des options illimitées si vous avez de la créativité et une bonne stratégie de contenu. Cependant, Facebook Ads Manager est l'outil le plus efficace pour faire croître rapidement votre entreprise, et il n'y a aucune raison de l'éviter. Gérer une entreprise implique toujours d'investir de l'argent, en particulier dans des campagnes de marketing. Parmi tous les moyens possibles pour mettre en œuvre une stratégie de marketing, Facebook est celui qui combine un faible coût, une mise en œuvre facile, une mesure et une évaluation constantes des performances, et des résultats plus rapides.

CHAPITRE 6 : MESURES ET INDICATEURS CLÉS DE PERFORMANCE

Toute stratégie commerciale doit avant tout être conçue sur la base de recherches préalables afin de connaître le public cible et certains objectifs prédéfinis à atteindre. Ensuite, il faut une séquence d'étapes pour mettre en œuvre la stratégie. Dans le cas présent, une stratégie de marketing sur Facebook nécessite une planification minutieuse des posts de distribution payants et non payants afin d'augmenter simultanément tous les types de portée. L'étape suivante consiste à mesurer et à évaluer les performances du contenu publié afin de déterminer si la stratégie produit les résultats escomptés ou s'ils ne sont pas atteints comme prévu.

La mesure et l'évaluation de la stratégie ne doivent pas être placées à la fin du processus. En fait, il s'agit d'un processus itératif : La mesure et l'analyse des performances tout au long de la campagne vous permettent d'apporter les changements nécessaires lorsque les choses ne fonctionnent pas comme prévu.

Il peut être difficile de décider ce qu'il faut mesurer et comment le faire. Parfois, des idées personnelles peuvent conduire à des conclusions erronées. Vous pouvez être très satisfait d'une campagne parce que les photos étaient magnifiques et que l'histoire que vous avez racontée était très touchante, mais en fin de compte, si votre public n'a pas réagi, c'est qu'elle était inefficace. C'est pourquoi les médias sociaux, et en l'occurrence Facebook, vous fournissent des outils précis qui vous permettent de disposer de statistiques significatives pour déterminer si votre campagne produit les résultats escomptés.

Facebook Insights vous fournit toutes sortes de statistiques pour vous aider à évaluer les performances de vos posts, afin que vous puissiez apporter les changements nécessaires lors de vos prochaines campagnes pour les optimiser davantage.

Qu'est-ce que c'est et pourquoi est-ce important ?

La première chose à prendre en compte est que toutes les statistiques ne sont pas pertinentes pour votre stratégie. Presque tous les aspects de la réalité peuvent être mesurés d'une manière ou d'une autre, et sur les médias sociaux, il existe de nombreux indicateurs que vous pouvez utiliser. Toutefois, le fait de traiter de grandes quantités d'informations ne garantit pas une meilleure compréhension des changements à apporter. Au contraire, il s'agira plutôt d'une perte de temps, voire d'hypothèses erronées.

Si tous les KPI sont des indicateurs, tous les indicateurs ne sont pas des KPI. Il existe ici une différence importante pour comprendre Facebook Insights. Les indicateurs sont des informations quantifiables qui peuvent être mesurées. C'est-à-dire tout ce qui peut être compté et exprimé par des nombres, des pourcentages et des taux.

Pour suivre certains aspects de l'entreprise ou de la stratégie en cours, par exemple, il faut disposer des bons indicateurs. Il s'agit des KPI : Indicateurs clés de performance. Ils sont liés à l'objectif principal de l'entreprise. Cela signifie que chaque entreprise, chaque effort de marketing et chaque stratégie de contenu aura des KPI différents en fonction des objectifs prédéfinis.

Prenons un exemple : si l'objectif de votre stratégie est d'étendre votre réseau social sur Facebook, les indicateurs de performance ne seront pas les mêmes si vous essayez d'attirer votre public vers votre site web ou si l'objectif final est de convertir les visiteurs en acheteurs. Chacun d'entre eux doit mesurer différents types de comportement des utilisateurs.

Néanmoins, il est tout aussi important de suivre à la fois les indicateurs de performance et les indicateurs clés de performance, mais en ayant une idée claire de la destination de toutes ces informations. Alors que les indicateurs fournissent une évaluation globale de l'activité et vous permettent d'identifier les points faibles de l'expérience de vos utilisateurs lorsqu'ils interagissent avec votre marque sur Facebook, les ICP permettent de repérer des aspects spécifiques de la stratégie à renforcer ou à ajuster.

Facebook Insights et Facebook Audience Insights

Facebook dispose de deux outils qui vous permettent de suivre les mesures et les indicateurs clés de performance : Facebook Insights et Facebook Audience Insight. Facebook met ces deux ressources faciles à utiliser à votre disposition pour vous fournir un flux constant d'informations pertinentes. Une fois que vous avez appris à lire les statistiques et les graphiques, cela devient une étape naturelle de la mise en œuvre de la stratégie.

Facebook Insights est un tableau de bord analytique qui vous permet de suivre le comportement des utilisateurs et les performances des posts sur votre page professionnelle Facebook. En plus de fournir des indicateurs clés tels que le nombre de pages vues et la portée des publications payantes et organiques, la plateforme recommande également des pages concurrentes à surveiller et à suivre. Elle nous permet de suivre les mesures d'engagement de l'audience ainsi que des facteurs tels que des informations démographiques sur l'audience, la façon dont elle se comporte et interagit avec le contenu, son engagement avec la page fan, ainsi que des informations sur les concurrents.

Le bouton "Insights" se trouve dans la barre latérale de la page d'accueil de la page fan. Il vous permet d'accéder à différents graphiques contenant des données sur les actions effectuées sur la page, les vues et les aperçus, les mentions "J'aime", les messages et la portée des histoires, entre autres. Il existe également un graphique contenant des informations spécifiques sur les performances de vos posts : combien de profils chacun d'entre eux a atteint, entre autres mesures de leur engagement. Pour vous aider à vous plonger dans les mesures, Facebook a classé les informations dans des catégories telles que les adeptes, les publicités, la portée, les pages vues et les actions.

Il s'agit d'informations essentielles pour mieux comprendre votre public, identifier le type de contenu qui suscite le plus d'intérêt et apporter les changements nécessaires à la stratégie globale ou modifier légèrement le calendrier de publication afin de renforcer ou de remplacer un certain type de contenu.

L'autre outil, Facebook Audience Insight, est utilisé pour les campagnes publicitaires et aide les spécialistes du marketing à comprendre les audiences Facebook en général (qui peuvent également inclure les personnes qui suivent votre page). Ces outils sont également appelés "Ads Insights API".

Que mesurer et quand ?

Pour bien comprendre ce qu'il est pertinent de mesurer sur Facebook et faire une analyse précise des données, il y a deux concepts principaux à prendre en compte : la portée et les impressions.

- **Portée :** Elle indique le nombre de personnes qui ont vu le contenu publié sur la page fan. Cette catégorie est divisée en deux types : suivi du trafic organique et suivi du trafic payant, respectivement.

- **Impressions :** Il s'agit du nombre de fois qu'un message publié sur la page fan a été affiché sur l'écran des utilisateurs. Les impressions organiques comptent le nombre de fois où les utilisateurs ont vu votre message publié gratuitement ; les impressions payantes font référence aux écrans des utilisateurs sur lesquels votre message a été diffusé par le biais de publicités.

La première mesure est plus générale et approximative, tandis que la seconde est plus spécifique et précise.

Examinons maintenant de plus près toutes les actions sur la page et les interactions avec le public qui peuvent être mesurées sur Facebook :

Pages vues : Il s'agit du nombre de fois où la page est consultée au sein de Facebook ou depuis l'extérieur du réseau social.

Nombre de likes ou d'adeptes de la page : Il s'agit du nombre d'utilisateurs de Facebook qui ont cliqué sur le bouton "J'aime" et qui sont donc devenus des adeptes de la page. Vous ne devez pas seulement mesurer le nombre d'adeptes que vous gagnez, mais aussi le nombre d'adeptes que vous perdez.

Actions sur la page : Ces mesures comptabilisent le nombre d'actions effectuées par un utilisateur sur la page du fan, par exemple en cliquant sur un lien du site web.

CTR (taux de clics) : Il est calculé en divisant le nombre de clics sur le lien par le nombre d'impressions. En résumé, il s'agit du nombre de clics sur un message. Facebook a toujours le taux de CTR le plus élevé de tous les réseaux de médias sociaux. Il s'applique aussi bien aux posts gratuits qu'aux posts payants.

CPC (coût par clic) : Il s'agit d'une mesure spécifique des publicités payantes. Il calcule combien d'argent a été investi dans chaque clic que l'annonce payante a reçu.

Portée du message : Il s'agit du nombre de profils Facebook qui ont accédé à votre publication.

L'engagement du message : Il comptabilise les interactions entre les utilisateurs et le message : réactions, likes, partages et commentaires.

Meilleur moment pour publier : Comme nous l'avons vu précédemment, l'importance de la planification implique de savoir quel est le meilleur moment de la journée et de la semaine pour publier du contenu. Cela est lié aux moments de la journée où le public est le plus actif. Selon des données publiées, le vendredi, il y a 17 % de commentaires en plus, 16 % de likes en plus et 16 % de partages en plus. En semaine, le meilleur moment pour poster est entre 13 et 16 heures. Toutefois, il s'agit là de statistiques générales et, en fonction de votre activité, vous pouvez obtenir de meilleurs résultats à différents moments de la journée ou de la semaine. C'est pourquoi il est important de suivre et de tester différentes stratégies pour augmenter l'engagement.

Ensuite, il existe des paramètres spécifiques pour mesurer la performance des vidéos :

Minutes vues : Il s'agit du nombre total de minutes pendant lesquelles les utilisateurs ont regardé une vidéo publiée sur la page.

Vues de vidéos : Les vidéos s'affichent automatiquement lorsque l'utilisateur les atteint en faisant défiler la page. Pour qu'une vidéo soit considérée comme vue, l'utilisateur doit la regarder pendant au moins trois secondes.

Fidélisation de l'audience : Ce paramètre est inclus dans les indicateurs vidéo car il indique la durée pendant laquelle un utilisateur regarde une vidéo publiée sur votre page.

À première vue, cela peut sembler trop d'informations à traiter. Cependant, les indicateurs sont essentiels pour mesurer les performances de votre page fan et l'engagement de votre public. Chacun d'entre eux montre un aspect particulier de la page et du comportement des personnes qui interagissent avec elle. Les indicateurs clés de performance qui seront sélectionnés sont définis par les objectifs spécifiques que vous avez choisis lors de la planification de la stratégie.

Rapports sur Facebook Insights

Toutes ces mesures génèrent une quantité considérable d'informations qui doivent être systématisées et, par la suite, analysées. Si vous ne disposez pas d'un registre précis de ces données, vous ne serez pas en mesure d'apporter des changements utiles.

Par conséquent, la façon dont vous utilisez Facebook Insights est cruciale pour avoir une compréhension correcte de vos indicateurs. L'objectif principal d'un rapport de métriques et d'indicateurs clés de performance est de refléter les performances d'une campagne ou d'une marque, en fonction de la période de temps ou des indicateurs qui ont été choisis. Ils montrent l'impact de la stratégie mise en œuvre et permettent d'évaluer les résultats en fonction des objectifs prédéfinis.

L'établissement de rapports sur les indicateurs de Facebook présente de nombreux avantages :

- C'est le meilleur moyen de suivre tous les résultats d'une campagne sur Facebook, de la comparer à d'autres et de réfléchir aux résultats dans le cadre d'une stratégie globale.

- Une présentation claire et organisée des données statistiques est le meilleur moyen de suivre l'efficacité sans aucune distorsion subjective.

- Des informations précises et opportunes peuvent vous éviter de prendre de mauvaises décisions ou de les fonder sur des hypothèses erronées.

- C'est le moyen le plus fiable de connaître le retour sur investissement

(ROI) de l'ensemble de la stratégie.

Cela ne concerne pas uniquement les entreprises qui disposent d'une équipe de community management ou d'un service de communication. Toute entreprise ou activité professionnelle qui dispose d'une stratégie de marketing doit suivre certaines étapes pour en assurer le succès. Connaître ses performances et mesurer ses résultats font partie des étapes les plus importantes.

Facebook Insights et l'API fournissent des données statistiques actualisées tous les jours. Cependant, les chiffres ne sont des informations utiles que lorsqu'ils sont utilisés avec précision. Il n'est pas conseillé de consulter les Insights tous les jours ou juste après le lancement d'une nouvelle campagne ou la publication d'un post pour rester au courant de ses performances.

Les données de Facebook Insights et de l'API doivent être intégrées dans des modèles appropriés. La façon dont ces données sont présentées influe sur leur compréhension. Il n'existe pas de modèle préétabli et infaillible, de sorte que chaque responsable marketing décidera de ce qui convient le mieux à ses besoins spécifiques. Les API, en revanche, disposent d'une fonction permettant d'exporter les informations dans un fichier prédéfini.

Il est également important de décider quel contenu est pertinent et mérite d'être inclus dans le rapport, et quel contenu peut être laissé de côté. Comme nous l'avons déjà dit, plus n'est pas toujours mieux. De même, la bonne quantité d'informations est plus utile lorsqu'elle est bien systématisée et présentée. Le rapport final ne doit mettre en évidence que les données principales et indiquer clairement si les objectifs ont été atteints ou non.

Facebook Insights : Les clés de l'interprétation des données

Les chiffres et les statistiques peuvent être délicats, surtout si l'on n'est pas un spécialiste. Le plus important est de savoir à quelles questions vous devez répondre en ce qui concerne les performances de l'entreprise. Cela vous aidera à restreindre les indicateurs que vous devez mesurer et suivre.

Ces questions peuvent facilement découler des objectifs que vous avez fixés pour la stratégie initiale. Plus ces objectifs sont contraignants, mieux il est possible de mesurer les performances.

CONCLUSION

Sur le marché mondial, tout le monde doit satisfaire la demande et offrir une solution quelconque. Il suffit d'être au bon endroit et de communiquer avec précision. Il y a longtemps, les études de marché nécessitaient beaucoup de temps et d'argent pour déterminer quelle entreprise serait la plus rentable, où vendre des produits ou des services et comment atteindre les bons consommateurs. Le marketing est l'art de persuader les gens de consommer, qu'ils aient l'intention de le faire ou qu'ils l'aient trouvée grâce à des campagnes de marketing.

Il y a quelques années, certaines règles ont commencé à changer. Aujourd'hui, les stratégies de marketing reposent principalement sur les médias sociaux. Les comportements des consommateurs ont changé, et la manière de les atteindre doit donc s'adapter à ces changements. Alors qu'auparavant, les campagnes de marketing tentaient d'installer des produits sur le marché afin d'augmenter les ventes de l'entreprise, la relation s'est aujourd'hui inversée. La mission du marketing est d'apprendre ce qui intéresse les gens, quels sont leurs besoins et comment ils préfèrent les satisfaire. Ensuite, les entreprises s'efforceront de leur parler d'une manière que le public écoutera.

Les médias sociaux ont créé des communautés plus larges, sans frontières, où des personnes de n'importe où peuvent participer à des conversations globales qui façonneront les tendances et les habitudes de consommation. Ce réseau social basé sur l'internet est devenu un territoire fructueux pour les entreprises qui souhaitent développer leurs stratégies de marketing. Les entreprises, les organisations, les influenceurs et les professionnels peuvent s'y adresser pour faire en sorte que leurs produits et services répondent aux besoins des gens. Grâce aux médias sociaux, les entreprises n'ont pas l'intention de persuader les gens d'acheter, mais plutôt de leur montrer ce qu'ils ont en commun et comment les marques peuvent les rendre plus heureux et plus satisfaits. Les entreprises ne vendent pas de produits aux gens ; les gens choisissent des marques qui reflètent leur propre identité.

Parmi tous les réseaux de médias sociaux, Facebook reste le plus populaire avec le plus grand nombre d'utilisateurs actifs dans le monde entier. Malgré les nombreux concurrents apparus ces dernières années, Facebook trouve toujours le moyen de mettre à jour ses fonctionnalités et d'ajouter des outils pour en faire une ressource marketing puissante pour toutes sortes d'activités commerciales et non lucratives.

J'espère que vous avez trouvé ce livre instructif et perspicace en ce qui concerne le marketing sur Facebook. Le paysage des médias sociaux est en constante évolution, avec de nouvelles fonctionnalités, de nouveaux algorithmes et de nouvelles tendances qui apparaissent en permanence. La prochaine étape consiste à créer une page Facebook pour votre marque ou votre entreprise et à commencer à mettre en œuvre certaines des stratégies présentées dans ce livre !

Merci d'avoir pris le temps de lire ce guide, et je vous souhaite bonne chance dans vos efforts de marketing sur les médias sociaux !